MARC KRÜGER

DER
LOKFÜHRER
HAT DEN ZUG
VERPASST

Über den Autor:
Marc Krüger wurde 1980 im niedersächsischen Einbeck geboren. Er hat in Leipzig Journalistik und Politikwissenschaften studiert und arbeitet seit vielen Jahren als Journalist, vor allem für Hörfunk und Online. Die Liebe fürs Radio hat ihm die Ohren für besondere Ansagen bei der Bahn geöffnet, die er sammelt und mit anderen teilt – zunächst bei Facebook, Twitter und Instagram und nun als Buch.

MARC KRÜGER

DER LOKFÜHRER HAT DEN ZUG VERPASST

KURIOSE BAHNANSAGEN

Lübbe

Die Bastei Lübbe AG verfolgt eine nachhaltige Buchproduktion. Wir verwenden Papiere aus nachhaltiger Forstwirtschaft und verzichten darauf, Bücher einzeln in Folie zu verpacken. Wir stellen unsere Bücher in Deutschland und Europa (EU) her und arbeiten mit den Druckereien kontinuierlich an einer positiven Ökobilanz.

NACHHALTIG PRODUZIERT

Dieser Titel ist auch als E-Book erschienen

Originalausgabe

Copyright © 2016 by Bastei Lübbe AG,
Schanzenstraße 6 – 20, 51063 Köln, Deutschland
Bei Fragen zur Produktsicherheit wenden Sie sich
bitte an: Produktsicherheit@bastei-luebbe.de

Vervielfältigungen dieses Werkes für das Text- und
Data-Mining bleiben vorbehalten.

Textredaktion: Tina Spiegel, Frankfurt am Main
Umschlaggestaltung: www.buerosued.de unter
Verwendung eines Motivs von © www.buerosued.de
Satz: Helmut Schaffer, Hofheim a. Ts.
Gesetzt aus der Avenir und der Aller
Druck und Verarbeitung: GGP Media GmbH, Pößneck
Printed in Germany
ISBN 978-3-404-60932-1

12 14 13

Sie finden uns im Internet unter luebbe.de
Bitte beachten Sie auch: lesejury.de

Vorwort

Zugegeben, ich fahre selten mit der Bahn. Vielleicht hilft das aber, um das Besondere an Zugreisen zu erkennen. Damit meine ich die Dinge, die für Pendler oder Bahn-Bonus-Comfort-Kunden zum Alltag gehören – zum Beispiel die Sitzplatz-mit-Taschen-Blockierer, der lauwarme Kaffee aus dem Bordbistro und die Mitreisenden, die schon eine halbe Stunde vor Ankunft im Gang stehen und warten, dass endlich die Tür aufgeht. Ich staune jedes Mal.

Vor ein paar Jahren saß ich dann doch mal in einem Zug, irgendwo in Norddeutschland. Plötzlich kam über die knarzenden Lautsprecher eine Ansage, die ich nicht erwartet hatte. Auch alle anderen im Großraum haben kurz gelacht oder zumindest von ihren Büchern und Bildschirmen aufgeschaut. Womit der Zugbegleiter damals für Heiterkeit gesorgt hat? Keine Ahnung. Einen Moment später hatte ich alles wieder vergessen.

Es gibt eigentlich nur einen Grund, warum ich mich überhaupt an diesen Moment der unerwarteten Fröhlichkeit erinnert habe: Es ist noch einmal passiert. Anderer Zug, einige Monate später. Es meldete sich ein hörbar aufgebrachter Zugbegleiter und warnte:

„Wenn Sie sich nicht an das Alkoholverbot halten,
gehört die nächste Haltestelle Ihnen –
und das ist Winsen an der Luhe!"

Mit seinem drohenden Appell hatte der Bahnmitarbeiter zwei Dinge erreicht: Erstens ließen zwei, drei Fahrgäste im Zug diskret ihre Bierflasche in eine Tasche gleiten. Und zweitens hat der Mann etwas geschafft, was manche Alleinunterhalter auf Partys einen ganzen Abend lang vergeblich versuchen. Er hat für gute Stimmung gesorgt.

Aus einem Großraumabteil mit der Atmosphäre eines Wartezimmers zur Grippesaison hat ein Zugbegleiter mit wenigen Worten eine fröhliche Gruppe Menschen gemacht. Viele hatten ein Grinsen im Gesicht, einige unterhielten sich den Rest der Fahrt angeregt. Als der Zugbegleiter die Fahrkarten kontrollierte, haben ihn viele angelächelt. Gute Laune statt Alltag.

Ich habe damals gedacht: Schade, dass nur die wenigen Menschen in diesem einen Zug die Ansage gehört haben. Sie ist eigentlich viel zu schön, um vergessen zu werden. Deshalb habe ich die Ansage aufgeschrieben, um später das einzig Logische zu tun: sie im Internet zu posten.

Eine kurze Suche am heimischen Computer brachte zwei Ergebnisse. Zum einen habe ich noch weitere besondere Ansagen von gut gelaunten Bahnreisenden gefunden, vor allem bei Twitter. Da waren klassische Versprecher, verzweifelte Appelle, Situationskomik und in wunderbare Worte verpackte Hinweise. Ein Querschnitt durch den Bahn-Alltag. Zweite Erkenntnis: Es gab noch keinen Ort im Internet, an dem solche besonderen Bahn-Ansagen gesammelt werden.

Eine halbe Stunde später hatte ich das geändert und einfach mal „Bahn-Ansagen" bei Facebook und @BahnAnsagen bei Twitter angelegt. Außerdem habe ich mich an eine Durchsage erinnert, die mir Wochen zuvor per SMS zugeschickt wurde. Es sollte die erste Ansage werden, die den neuen Twitter-Account zum Leben erweckt:

> *„Dank der sportlichen Fahrweise unseres Lokführers werden Sie alle Anschlusszüge wie geplant erreichen."*

Es hat damals nur wenige Tage gedauert, bis erste Nutzer damit anfingen, ihre selbst gehörten Durchsagen an „Bahn-Ansagen" zu schicken. Nach einigen Wochen kamen so viele Reaktionen zusammen, dass die Ansage mit den meisten Klicks „Bahn-Ansage des Monats" wurde.

Nun sind fünf Jahre seit dem Start von „Bahn-Ansagen" vergangen. Jeden Tag gibt es dort eine besondere Ansage, die zu schön ist, um vergessen zu werden. Rund 1.700 sind inzwischen zusammengekommen. Eine wunderbare Sammlung aus dem Bahn-Alltag in Deutschland, Österreich und der Schweiz. Und nun gibt es einige der besten Ansagen auch als Buch.

Ein Buch ist auch deshalb praktisch, weil das mit dem Internet in Zügen ja immer noch eine schwierige Sache ist. Das Ausdrucken in einem Taschenbuchformat ist da nur logisch. Außerdem eignen sich Bahn-Cards oder Fahrscheine wunderbar als Lesezeichen. Mit einem Eselsohr in eine beliebige linke oder rechte Buchseite lässt sich zudem leichter die Ausstiegsseite am Zielbahnhof merken. Und wenn einem Zugbegleiter mal die Worte fehlen sollten: Hier ist ein kleines Nachschlagewerk zur Inspiration.

Überhaupt, das Bahnpersonal! Dieses Buch ist auch ein Dank an alle Bahnmitarbeiter, die sich bei Durchsagen von den Standards lösen, die kreativ, witzig oder einfach ehrlich sind. Sie machen das Zugfahren schöner, selbst wenn es Verspätungen, verpasste Anschlüsse oder blockierte Türen gibt. Aber auch an all die Pendler und Gelegenheits-Bahnfahrer geht ein herzlicher Dank. Nur weil sie ihre Erlebnisse mit anderen teilen, kann eine Sammlung wie „Bahn-Ansagen" immer weiter wachsen und auch anderen Freude machen.

Viel Spaß mit dem Buch. Die Seiten erscheinen ausnahmsweise in der korrekten Reihung. Ansagen über das BordBistro befinden sich in der Mitte des Buches. Und nun: Abfahrt!

Marc Krüger

Weitere Bahn-Ansagen gibt es im Internet:
Facebook: https://www.facebook.com/BahnAnsagen/
Twitter @BahnAnsagen: https://twitter.com/BahnAnsagen
Instagram: https://www.instagram.com/bahnansagen/

Am Bahnsteig

oder

Einsteigen, bitte!

Eigentlich ist es ein simpler Vorgang:
Der Zug hält, die Türen öffnen sich,
Fahrgäste steigen aus, andere ein.
Doch nicht nur eine umgekehrte Wagenreihung
kann das Einsteigen durcheinanderbringen,
auch eine viel zu große Auswahl an Türen
bereitet Probleme am Bahnsteig.

Sehr geehrte Fahrgäste,
dieser Zug ist kein Adventskalender!
Bitte benutzen Sie zum Einsteigen
auch die anderen Türen!

Bitte einsteigen.
Der Zug ist innen hohl
und begehbar!

Wenn Sie den weiten Weg
nicht scheuen: Wir haben
noch 26 freie Plätze in Wagen 4.
Das ist der zweite von vorne.

Bitte alle Türen benutzen.
Die zweite Tür ist auch kostenlos.

Eine Matheaufgabe:

20 Schüler wollen durch *EINE* Tür!
Wie lange dauert es,
wenn 20 Schüler
durch fünf Türen gehen?

*Wir empfehlen,
den zweiten Zugteil zu nutzen.
Dieser wird soeben beigesetzt.*

An den vorderen beiden Türen
geht nichts mehr,
aber auch die hinteren 22 Türen
fahren Richtung Mammendorf!

**Wir haben gerade Happy Hour:
Alle 18 Türen sind im Fahrpreis
inbegriffen, nicht nur die erste
und die letzte.**

Sehr verehrte Reisende,
wir haben leider den
hinteren Zugteil verloren.

In Wagen 42 ist eine
automatische Tür defekt.
Bitte vermeiden Sie also
bis auf Weiteres
ein Durchschreiten.
Vorsicht, die Tür ist aus Glas!

?

Bitte nicht einsteigen!
Wir wissen auch noch nicht,
was das für ein Zug ist.

*Wenn auf der Anzeige
‚Nicht einsteigen' steht,
sollten Sie **nicht** einsteigen.
Nächster Halt: Rangiergleis.*

Weil 50 Leute
an einer Tür einsteigen,
verzögert sich die Abfahrt.
Wir bitten diese Dummheit
zu entschuldigen.

Aufgabe an die Lehrer:
Grundrechnen. Wie viel schneller
klappt der Einstieg, wenn man alle
acht Türen statt einer nutzt?

**Liebe Fahrgäste,
kommen Sie rein
und machen Sie die Tür zu!
Das heißt nicht umsonst
Rhein-Bahn.**

Bitte steigen Sie endlich ein!
Das ist nur ein kleiner Schritt für Sie,
aber ein **großer** für die Fahrgäste.

*Wenn wir an Gleis 9
ausgeküsst hätten, könnten wir
auch abfahren!*

Könnten die Physikstudenten an Bord
den anderen bitte einmal das Prinzip
einer Lichtschranke erläutern?

Bitte treten Sie aus den Türen!
Wir möchten heute einmal
pünktlich losfahren – nur einmal!!

Wir fahren gleich los.
Wer drin ist, passt rein.
Wer nicht drin ist,
hat nicht reingepasst
und nimmt den nächsten Zug.

Mal 'ne Frage an die Leute,
die in der Tür stehen:
Steht Ihr Zuhause auch immer
im Türrahmen 'rum?

Wir sind heute pünktlich
wie die Eisenbahn – also
mit 5 Minuten Verspätung.

Die Abfahrt

oder

Ihr Astralkörper blockiert die Lichtschranke!

07:36 Uhr, 12:22 Uhr oder 20:01 Uhr –
der Bahn-Fahrplan verspricht eine Abfahrt pünktlich
auf die Minute. Aber immer wieder klappt das nicht.
Manchmal ist die Technik schuld.
Doch auch falsch platzierte Körperteile,
verspätete Essenslieferungen oder pure Romantik
können dahinterstecken.

An das küssende Paar:
Entweder, ich kriege jetzt
auch 'n Abschiedskuss
oder Ihr gebt jetzt mal so langsam
die Türen frei!

**Für die Frau,
die an der offenen Tür
vorbeigegangen ist,
mache ich zum letzten Mal
eine Tür auf!**

So, alle Türblockierer
jetzt mal Handy raus
und ‚Lichtschranke' googeln!

**Die Abfahrt
wird sich aufgrund von
beweglichen Störungen
noch etwas verzögern!**

*Wir fahren heute
von einem anderen Gleis ab.
Das Zugpersonal
hat den Zug schon gefunden,
der Lokführer noch nicht.*

Unsere Abfahrt verzögert sich.
Grund dafür ist unser Bordcomputer.
Er will noch nicht mit uns spielen.

Der Fahrgast
an der einzig offenen Tür:
Bitte ziehen Sie den Bauch ein,
damit die Lichtschranke
die Tür freigibt!

Draußen liegt noch eine Jacke.
Falls die jemand vermisst,
kann er noch einmal schnell raus.
Ich warte.

Wegen einer verspäteten
Essenslieferung von McDonald's
haben wir Hanau
mit einer Verspätung
von 5 Minuten verlassen.

*Es hat sich gerade
eine zweite Tür verabschiedet.
Die Abfahrt verzögert sich nun,
wir müssen sie suchen.*

Die Abfahrt verzögert sich.
Das Zugpersonal
saß im Fahrstuhl fest
und konnte nun gerettet werden.

Wir sind acht Minuten
zu spät abgefahren,
weil der Lokführer in der Sonne
das Abfahrtsignal
nicht gesehen hat.

Bitte beachten Sie:
Der Zug nach Schöllkrippen
fährt heute ca. 10 Minuten später ab.
Grund ist eine Störung
am Triebfahrzeugführer.

**Bitte versuchen Sie nur,
durch die *geöffneten* Türen
einzusteigen!**

Unser Zug
hat Leipzig Hauptbahnhof
mit einer Verspätung
von fünf Minuten verlassen.
Grund sind die üblichen
Anlaufschwierigkeiten.

Die Abfahrt hat sich
um wenige Minuten verzögert.
Wir mussten Windows
neu starten.

An das Zugpersonal:
Bitte die Türen
noch einmal öffnen,
damit der Zugführer
einsteigen kann!

Sitzplatzsuche

oder

Hat es Ihre Tasche bequem genug?

Sitzplätze machen das Bahnfahren deutlich angenehmer.
Die Suche nach einem freien Platz kann allerdings nerven,
wenn es zu wenige Sitze oder zu viele Suchende gibt.
Außerdem entwickelt mancher Mitfahrer große Kreativität
beim beliebten Bahnsport „Nebensitzblockade".

Sie müssen sich bitte
gedanklich vorstellen,
dass die Wagen 21 bis 29
die Wagen 31 bis 39 sind.

**Achtung, die Reservierungen
aus Wagen 14 gelten in Wagen 6,
die aus Wagen 6 in Wagen 7.**

Sollten Sie auf der Suche
nach Wagen 9 sein, den
haben wir heute besonders
gut für Sie zwischen
Wagen 5 und 6 versteckt.

Dieser Zug fährt heute
ohne Reservierung.
Setzen Sie sich einfach
irgendwohin.

*Ein Hinweis zur
Zugzusammensetzung:
An der Spitze ist Wagen 12, dann 10.
Danach Wagen 9, der heute
mit 11 gekennzeichnet ist.*

Für alle neu zugestiegenen
Fahrgäste ohne Platzreservierung:
willkommen auf unserer Stehparty!

Der Zug besteht nicht nur
aus den Wagen 9 und 10!
In Wagen 6 und 7
gibt es noch jede Menge
ungenutztes Sitzpotential.

**In den letzten beiden Wagen
haben wir die besten Stehplätze!**

Es ist Freitag! Alle Taschen,
die auf Sitzplätzen stehen,
kosten 5 Euro ... Kleiner Scherz!

Ich wünsche Ihnen viel Spaß,
interessante Gespräche
mit Bekannten und Unbekannten
oder auch ein
friedliches Anschweigen.

**Bitte geben Sie die Sitzplätze
von Gepäck frei.
Vielleicht ergibt sich ja die eine
oder andere Bekanntschaft!**

*Sie müssen Ihren Sitznachbarn
nicht anschweigen,
Sie können miteinander reden.
Zugfahrt ist das,
was Sie daraus machen!*

Reservierungen werden nicht
angezeigt. Machen Sie
Reservierten bitte Platz.
Sortieren Sie sich ohne Gewalt!

Im überfüllten Zug:
Wir begrüßen Sie recht herzlich im
Sardinen-Express nach Bremen.

Leider können wir nicht alle
zusammen in Wagen 9 sitzen.
Bitte nutzen Sie auch Wagen 10!
Aber nicht alle.

Da Wagen 8
spurlos verschwunden ist,
haben wir Ihre Reservierungen
in Wagen 4 und 5 verlegt.

Heute gibt es leider
keine gültigen Reservierungen mehr
in Wagen 11, denn der
ist heute unser Speisewagen!

*Setzen Sie sich auf die
freien Plätze! Ich habe heute
noch niemanden gesehen,
neben dem ich nicht
sitzen wollen würde.*

Die Fahrscheine, bitte!

oder

These tickets are not guilty!

Bahnfahren kostet Geld. Per Fahrschein
zeigt der vorbildliche Bahnfahrer, dass er bereit war,
diesen Preis zu zahlen – im Idealfall
einen Super-Spar-Schienen-Flex-Angebot-
Bahncard-Preis. Wer das korrekte Ticket hat,
bekommt vom Zugbegleiter
einen Zangenklick und ein Lächeln. Oder?

**Guten Tag,
verehrte Fahrscheine ...
äh ... Fahrgäste.**

Meine Damen, in einer
halben Stunde beginne ich mit
der Fahrkartenkontrolle.
Fangen Sie langsam an zu suchen!

*Dies ist der IC nach Oberstdorf.
Nahverkehrs-Fahrscheine,
Kinokarten und Angelscheine
haben bei uns keine Gültigkeit!*

Sollten Sie keine
gültige Fahrkarte vorweisen
können, verkauft Ihnen unser
Bord-Personal gerne eine – gegen
einen Aufpreis von 60 Euro.

**Liebe Schwarzfahrer,
der Kontrolleur ist eben zugestiegen.
Dies ist Ihre letzte Chance,
den Zug zu verlassen.**

Da unserem Zug
ein Wagen fehlt, ist die 1. Klasse
für alle Fahrgäste freigegeben –
außer für Schwarzfahrer!

**Ladies and Gentlemen,
please note: local tickets
are not guilty in this train.**

*Wir möchten es uns
nicht nehmen lassen,
Sie persönlich zu begrüßen.
Dabei werden wir gleich
Ihre Fahrscheine kontrollieren.*

Halten Sie bitte Ihre
Fahrscheine bereit.
Die Schwarzfahrer: Halten Sie
bitte Ihren Ausweis bereit!

Es befindet sich heute kein
Begleitpersonal im Zug.
Ich wiederhole, es kontrolliert
niemand die Fahrkarten!

Fahrgast im IC
zeigt sein Handyticket.
Zugbegleiter: Wollen Sie
erst mal die Tinder-Nachricht
von Jasmin lesen?

**Um sicherzugehen,
dass Sie sich nicht verfahren haben,
werde ich jetzt Ihre Fahrscheine
kontrollieren.**

*So, einmal die Fahrkarten
oder so was Ähnliches. Je nachdem,
was Sie gerade dabeihaben.*

Wer wurde noch nicht kontrolliert? – Ehrlichkeit währt am längsten und ist bei uns am teuersten!

Steht auf Ihrem Ticket *2. Klasse*, haben Sie in der ersten nichts zu suchen, auch wenn's voll ist. Merken Sie sich's so: *Wenn voll, dann unbequem!*

Fahrgast: „Brauchen Sie meinen Ausweis?"
Zugbegleiter: „Da wir uns nicht persönlich kennen, ja!"

Alle mit gültigem Niedersachsenticket können jetzt die Toiletten frei machen für die, die kein Ticket haben.

WC, Klimaanlage und sonstige Technik

oder

We apologize for any convenience!

*Neben Türen, Sitzen und Fenstern
gehören auch Toiletten zur Standardausstattung
in Zügen. Gut so. Außerdem leistet sich
die Bahn ein hochsensibles Klimaanlagensystem,
das zuverlässig genau dann ausfällt,
wenn es draußen nicht 22 Grad warm ist.
Doch Zugbegleiter finden Lösungen.
Meistens.*

Die Situation im Zug:
Der Wasserdruck ist weg,
Tee und Kaffee nicht erhältlich,
ein Wagen fehlt und Reservierungen
werden nicht angezeigt.

Eine gute und
eine schlechte Nachricht.
Die schlechte: Leider sind
vier WCs defekt. *Die gute:*
Drei gehen noch.

**Die derzeitige
Toilettensituation ist
äußerst angespannt.**

Das Klopapier ist ausgegangen.
Wenn Sie ein größeres Bedürfnis
haben, holen Sie sich bitte
im Bistro Servietten.

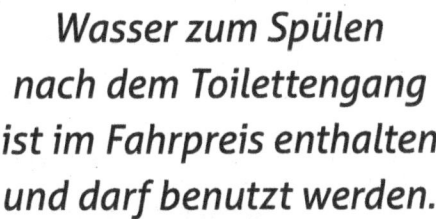

Wasser zum Spülen
nach dem Toilettengang
ist im Fahrpreis enthalten
und darf benutzt werden.

Die roten Tasten in den WCs,
auf denen „S.O.S." oder
„Sprechstelle" steht,
sind nicht dazu da,
Ihren Unrat wegzuspülen!

Wenn Sie im WC den Knopf
mit der Glocke drücken,
kommt keiner,
der Ihnen beim Spülen hilft.

Wir fahren nur mit einem Wagen,
weil ein anderer Fahrgast
den zweiten Wagen
als mobiles Klo benutzt hat.

**Wegen starken
Fäkaliengeruchs wird die
zweite Zugeinheit abgehängt.**

Ich würde am liebsten
den Ansagen-Computer
im Klo ‚runterspülen' –
aber das ist kaputt!

**Eine kurze Information,
bevor genörgelt wird:
Die Klimaanlage in diesem Zug
ist nicht defekt. Es gibt keine!**

*Bitte lassen Sie doch die Jacken
an. Wir haben die Heizung
ausgeschaltet, sonst haben wir
nicht mehr genug Wumms für die Lok!*

*Nach ausgefallener
Klimaanlage im Zug:*
Mein Name ist Michael, und ich
leite heute den Aufguss.

*Um Ihnen einen Hitzschlag
beim Aussteigen zu ersparen,
haben wir die Klimaanlage
ausfallen lassen.*

Heute haben wir für jeden
etwas dabei: Tropen in Wagen 23
und Arktis in Wagen 24.
Genießen Sie die Reise!

Wagen 10 fällt heute leider aus.
Er fährt zwar mit,
dort ist es aber sehr, sehr kalt.

**Wir haben die Beleuchtung
auf halbdunkel gestellt,
damit wir noch genug Strom
für die Klimaanlage haben.**

Wem es zu warm ist:
Vorne funktioniert die Klimaanlage,
im hinteren Zugteil ist der Wellness-
bereich für alle, die frieren.

Unsere Klimaanlage
Bauart ‚Russland' funktioniert
zu 98 Prozent, da noch nicht
alle Fenster offen sind.

Der erste Wagen hat eine
funktionierende Klimaanlage.
Lieber stehen im Kühlen
als sitzen und schwitzen!

Im Wagen 6 ist die
Stromversorgung komplett
ausgefallen. An beiden Enden
stehen Kollegen mit Taschen-
lampen, die Sie leiten.

**_Das ist kein Special Effect.
Wir haben tatsächlich
eine technische Störung
an den Lichtanlagen._**

Werte Fahrgäste,
was Sie gerade gehört haben,
war nur ein Schaltgeräusch.
Alles wird gut.

Leider kann ich wegen dem
Wind nicht schneller fahren,
da mir sonst die Scheiben-
wischer wegfliegen.

Gibt's einen Fahrgast, der
französisch spricht? Das Bord-
system muss umgestellt werden
und ist komplett auf Französisch.

Das Fahrgastinformations-
system funktioniert nicht.
Sie hören jetzt ein paar Ansagen.
Lassen Sie sich davon nicht irritieren.

Bitte beachten Sie
diese Durchsage nicht.
Die Anlage ist defekt.

*Es hat uns einer den Strom
abgedreht. Wie Sie wissen,
fährt eine S-Bahn aber nicht
mit Luft und Liebe,
deshalb bleiben wir stehen.*

Die letzte automatische Ansage
können Sie ignorieren.
Ihr Zug fällt definitiv aus!
Der Computer weiß das noch nicht.

**Wir haben gerade keinen
Strom. Der Lokführer arbeitet
aber mit Hochspannung daran,
das zu beheben.**

**Die WCs in diesem Zug
sind heute rege genutzt worden
und leider voll. Wir bitten dies
zu entschuldigen.**

*Die Klimaanlage in Wagen 3
ist ausgefallen. Wagen 3 ist der,
in welchem Sie sich wie ein
Hähnchen im Backofen fühlen.*

Im Bordbistro

oder

Die Kaffeemaschine ist normalerweise kaputt!

Zünftige Kartoffelsuppe, Currywurst mit Beilagensalat oder die Brezel XL – auf der Schiene fehlt es kulinarisch an nichts. Im Prinzip.
Leider streikt auch im Bordbistro und -restaurant gern mal die Technik, oder es mangelt am Wichtigsten: Kaffee, Strom und Personal.

Werte Fahrgäste,
im Bord-Restaurant ist der
Kühlschrank ausgefallen.
Sie erhalten also ausschließ-
lich warme Getränke,
darunter Cola, Säfte und Bier.

Da im Bordbistro der Strom
komplett ausgefallen ist, gibt es nur
noch kal... lauwarme Getränke.

*Aufgrund eines
technischen Defekts im Bordbistro
können wir Ihnen nur noch
warme Kaltgetränke anbieten.*

Wir würden Ihnen gerne
ein Bordrestaurant bieten, aber
leider haben wir die zuständige
Person in Hamm vergessen.

*Ich möchte Sie noch auf unser
gastronomisches Angebot hinweisen ...
Leider fehlt uns dafür das Personal.*

*Verehrte Reisende,
aufgrund persönlicher Gründe
bleibt das Bord-Restaurant
wieder einmal geschlossen.*

Meine Damen und Herren,
hier noch ein Hinweis zu unserem
gastronomischen Service:
Es gibt keinen.

Aufgrund einer logistischen
Neuausrichtung eröffnet
das Bordbistro später.

**Da sich in unserem Bordbistro
gerade ein Fahrgast übergeben hat,
können wir Sie dort leider
nicht mehr bedienen.**

Die Servietten im Bordbistro
sind ausgegangen.
Bitte benutzen Sie
den Pulli ihres Sitznachbarn.

Soeben ist unsere ofenfrische
Brezelverkäuferin zugestiegen.
Sie möchte Sie im Speisewagen
gerne erwarten.

Die gute Nachricht ist:
Es gibt Kaffee.
Die Kaffeemaschine ist
ziemlich das Einzige,
was noch nicht kaputt ist!

**Der Wackelkontakt
am Automaten ist im Moment
positiv. Schnell sein lohnt sich,
wenn Sie einen Kaffee wollen.**

*Da wir weder Becher noch Zucker
oder Sahne bekommen haben,
nutzt uns gerade auch
der gelieferte Kaffee nichts.*

Falls ein Fahrgast
mit Korkenzieher an Bord ist,
möge er bitte
ins Bordbistro kommen.

Sehr geehrte Fahrgäste,
soeben ist die mobile
Brezelverkäuferin zugestiegen.
Sie erkennen sie am Geruch.

Ein Mitarbeiter vom Bordbistro
bitte mit dem Nassstaubsauger
zum Zugschluss!

Ein Hinweis
für die Mitarbeiter der
Bordgastronomie:
Bitte mit einem spitzen Messer
in Wagen 25 kommen.

Die Dame, die grade
einen Linseneintopf
im Zugrestaurant gegessen hat,
möge sich bitte melden.

Sehr geehrte Fahrgäste,
folgen Sie Ihren Frühstücks-
phantasien und besuchen Sie uns
im Bordrestaurant.

*In unserem Bordbistro
erwartet Sie nun
frisch gepresstes Bier.*

Die Kollegen im Bistro
geben heute wieder alles für Sie.
Ich habe vorhin ein Stück Kuchen
gegessen und würde Ihnen raten,
das auch zu tun.

Liebe Fahrgäste,
unser Bierfass muss heute noch
leer werden. Gerne erwarten wir
Sie im Bordbistro in Wagen 26!

Ein Vermisstenaufruf:
Der Herr, der eben ein Bier
im Bistro bestellt hat – es ist nun
fertig gezapft und abholbereit.

Das schlechte Leben ist vorbei!
Ab sofort gibt es in Wagen 6
frischen Kaffee und kaltes Bier.

Dieser Zug verkehrt
ohne Speisewagen. In Wagen 7
haben wir einen Notfallkorb
eingerichtet mit Kaltgetränken
und kleinen Speisen.

Hat jemand einen Korkenzieher?
Die Herrschaften in Wagen 23
würden sich freuen, weil sie gerade
eine Weinflasche anstarren.

Außerplanmäßiger Halt

oder

The traincrew bitts you um apology!

Der Zug hält, aber weit und breit
ist kein Bahnhof in Sicht. Nicht einmal Häuser.
Der Zugbegleiter beginnt seine Durchsage
mit den Worten: „Wir sind außerplanmäßig
zum Halten gekommen." Die Gründe dafür
sind ebenso zahlreich wie besonders:
Menschen, Tiere, Missgeschicke.

Unser Zug ist jetzt
auf freier Strecke zum Stehen
gekommen. Der Grund ist uns
leider auch nicht bekannt.

*Es gibt einen
außerplanmäßigen Halt.
Wenn mir mal jemand sagen
würde warum, würde ich das
gerne an Sie weitergeben.*

Die Weiterfahrt verzögert sich
um eine Zigarette!

Unsere Weiterfahrt wird sich
um einige Minuten verzögern.
Ich bitte nicht um Verständnis,
nur um Kenntnisnahme.

*Aufgrund von plötzlich und
unerwartet eingetretenen Bau-
arbeiten sind wir soeben unplanmäßig
zum Halten gekommen.*

Die Technik ist gegen uns.
Ich weiß zwar noch nicht, wann
es weitergeht. Aber es arbeiten
hochqualifizierte Leute daran.

Wir sind in einen umgestürzten
Baum gefahren – aber es heißt
nicht umsonst **EISEN**bahn!
Gleich geht's weiter.

**Die Weiterfahrt verzögert
sich noch. Es steht ein
Falschparker auf den Gleisen.**

**Wir würden uns freuen,
wenn Sie sich nicht mehr an den
Notbremsen festhalten!**

Die Weiterfahrt verzögert sich.
Der Zugbegleiter muss von einem
Ende des Zuges zum anderen laufen.
Das sind 400 Meter!

Sehr geehrte Fahrgäste,
die Weiterfahrt verzögert
sich einen Moment, da ich mal
aufs Klo muss. Danke.

Das war ein unfreiwilliger Test
unserer Notbremsen. Die gute Nach-
richt: Sie funktionieren tadellos!

Die Weiterfahrt verzögert sich
um einige Minuten. Grund dafür
ist eine Kuh auf den Gleisen.

Werte Fahrgäste, die Weiterfahrt verschiebt sich um wenige Minuten. Der Lokführer hat soeben den Zug verlassen.

Offensichtlich habe ich mein Verspätungskontingent für diesen Monat noch nicht erreicht. Daher halten wir jetzt!

Liebe Fahrgäste,
uns hat soeben etwas
Unbekanntes aufgehalten.

*Die Weiterfahrt wird sich
um zehn Minuten verzögern.
Ich bitte Sie **nicht** um Verständnis,
da es mir selber daran mangelt.*

Aufgrund einer Streckensperrung
endet dieser Zug hier außerplanmäßig.
Die Fahrt wird als Bus fortgesetzt.

Es hat sich vor uns eine Großstörung aufgetan.

Leider können wir die Fahrt nicht fortsetzen. Ich muss warten, bis der Bahn-Guru mir weitere Anweisungen gibt.

Im Gleis vor uns befinden sich ein paar Entenküken. Ich bitte um Verständnis, dass ich diese kurz retten werde.

Grund für den Halt
war ein kleines Türproblem,
das ich durch einen beherzten Tritt
von außen behoben habe.

*Da die sich gerade nicht
entscheiden können, wer zuerst
fahren darf, verzögert sich die
Weiterfahrt noch ein wenig.*

Triebwerksschaden!
Bitte auf den Gleisen umsteigen.
Zu Ihrer Bequemlichkeit haben wir
eine Leiter zur Verfügung gestellt.

Ich sag's Ihnen so, wie es ist:
Der Zug ist im Arsch.

Werte Fahrgäste, nachdem die erste
Lok einen Motorschaden hatte,
fällt nun auch die Ersatzlok aus.
Ich weiß auch nicht, was heute los ist.

**Ich kann Ihnen
leider nicht sagen, ob wir
jemals weiterfahren werden.**

Bei Streckensperrung:
Wer jetzt noch zu mir kommt
und fragt, wann es weitergeht, darf
gern zur Unfallstelle vorlaufen!

Eine peinliche Durchsage:
Alle wussten, dass wir in Fulda halten.
Nur unser Lokführer nicht.

Sie erreichen den ICE nach Wiesbaden auf jeden Fall. Wir haben ihn eben überholt, weil er vor einer defekten Weiche steht.

Längerer Aufenthalt in Wuppertal!
Wenn Sie rauchen möchten: Bevor's
weitergeht, werde ich zweimal hupen.

**Die Weiterfahrt verzögert sich.
Der Grund dafür: Wir müssen
noch einen Kopfwechsel machen.**

Zwei Meter vor uns ist eine
Eule im Gleis und guckt mich
doof an. Ich weiß jetzt nicht,
wie ich mich verhalten soll.

Aufgrund einer Baustelle
verzögert sich die Weiterfahrt.
Sie können raus, vielleicht finden
Sie ja auch ein Pokemon.

Liebe Fahrgäste,
dies ist keine Entführung!
Wir bekommen nur gerade
die Türen nicht auf ...

Werte Fahrgäste, die Transport-leitung, die Leitstelle und der Geschäftsbereich DB Netz sind sich nun einig, wie es mit uns weitergeht.

Wenn wir weiterfahren, dann sehen Sie das daran, dass sich der Zug bewegt!

Ich bitte Sie, die Entschuldigung zu verspäten!

oder

Beim Fußball hieße das jetzt Nachspielzeit

Bahnfahrer fürchten sie, Pendler hassen sie: die Verspätung. Geübte Zugbegleiter nehmen den Fahrgästen die Angst vor verpassten Anschlüssen mit Durchsagen voller Kreativität, Humor oder ehrlicher Verzweiflung. Eine Auswahl aus dem Alltag des Zuspätkommens.

Als Grund für die Verspätung
habe ich anzubieten: hohes
Fahrgastaufkommen, Türstörung,
Überholung durch Fernverkehr
und Notarzteinsatz.

*Wir haben zurzeit Verspätung
aufgrund der Verspätung eines
verspäteten Zuges vor uns.*

Werte Reisende, wir sind verspätet.
Die Verspätung beträgt derzeit
14 Minuten. Grund für die Verspätung
ist eine verspätete Ankunft.

Der RE1 nach Aachen kommt nicht –
wie vorhin angekündigt – 30 Minuten,
sondern eine halbe Stunde später.

**Sehr geehrte Damen und Herren,
wir bemühen uns, unsere
Verspätung beizubehalten.**

Wir haben zurzeit eine Verspätung von 25 Minuten. Wir werden diese bis Berlin noch ausbauen!

Wir haben derzeit eine Verspätung von ca. 15 Minuten. Der Grund hierfür ist ein vorausfahrender Gegenzug.

Die Weiterfahrt verzögert sich. Grund ist die Wartung eines Anschlussreisenden.

*Der Regionalexpress nach Aachen
hat 10 Minuten Verspätung. Die Abfahrt
verzögert sich daher um 5 Minuten.*

Im Moment haben wir eine
Verspätung von 10 Minuten.
Den Grund dafür überholen wir
gerade in Fahrtrichtung rechts.

**Der Regionalexpress
konnte nicht warten, da er heute
pünktlich fahren musste.**

Wir haben momentan 4 Minuten
Verspätung: drei wegen des
schlechten Wetters, eine Minute
geht auf meine Kappe.

**Wie Sie merken, fahren wir
gerade langsamer. Wir wissen auch
noch nicht, woran das liegt.**

Die Leitstelle sagt,
wir erreichen Hamburg gegen
14.20 Uhr. Unser Lokführer meint,
es wird sicher später.

Grund für die Verspätung
sind motivierte Bahnmitarbeiter,
die mit einem Bagger die Signal-
leitung abgerissen haben.

Sehr geehrte Fahrgäste,
wir haben im Fahrplan
eine Soll-Ist-Differenz!

Für die Verspätung
entschuldige ich mich nicht, da
nicht ich, sondern der Lokführer
schuld ist, den ich abgelöst habe!

Sehr geehrte Reisende,
heute bekommen Sie für Ihr Geld
20 Minuten mehr Fahrzeit geboten.

Der Verspätungsgrund war das
Zusammenbauen des Ersatzzuges
für einen ausgefallenen Zug aufgrund
eines Böschungsbrandes.

**Meine Damen und Herren, der Traum
vom Pünktlichsein ist eben geplatzt!**

*Wir haben uns von Bremen
bis Wunstorf den Luxus
gegönnt, pünktlich zu sein.
Damit ist jetzt Schluss!*

***Unsere Verspätung
wird sich sehr wahrscheinlich
verzögern.***

Wir erreichen Köln Hauptbahnhof
mit 75 Minuten Verspätung.
Und ehe Sie fragen: Das
Fahrgastrechte-Formular gibt's
am Service-Point und im Internet.

Unsere Abfahrt verzögert sich um einige Minuten. Ein Güterzug hat sich einfach vorgedrängelt.

Meine Damen und Herren, der IC nach Oldenburg hat eine Verspätung, die ich Ihnen nicht sagen darf.

Unser Lokführer hat in Bremen Feierabend und ist deshalb noch bemühter als sonst, die Verspätung zu reduzieren.

Der Grund für die Verspätung lässt sich schlecht kommunizieren!

Unser ICE kann nicht schneller.
Ich gebe Ihnen einen Tipp:
Warten Sie noch 40 Jahre, bis
das Beamen erfunden worden ist.

Für die Passagiere,
die in den ICE wollen, eine gute
Nachricht: Er hat noch deutlich
mehr Verspätung als wir.

Wir **werden** in Essen ankommen.
Ich weiß nur noch nicht, wann.

*Wir erreichen München
Hauptbahnhof mit einer
Verspätung von 30 Minuten.
Grund ist eine Verspätung.*

Unser Zug hat eine Verspätung
von 15 Minuten aufgrund
einer gut gelaunten Rentnertruppe
mit Fahrrädern an Bord.

**Unsere Verspätung kommt, da
die Bahn mit 100 Prozent Ökostrom
fährt. Weil keine Sonne scheint,
müssen wir langsamer fahren.**

Der Zug hat Verspätung,
da sich das Batterieladegerät in die
ewigen Jagdgründe des Elektrohimmels
verabschiedet hat.

*Wir haben heute etwas
weißes Verzögerungspulver
auf den Schienen!*

Aufgrund schlüpfriger Schienen
hat dieser Zug eine Verspätung
von drei Minuten.

Bitte beachten Sie:
Wegen akutem Bahnsteigmangel
wird sich die Einfahrt in Mainz
um wenige Minuten verzögern.

Aufgrund von Kundenverhalten
hat dieser Zug zusätzliche 3 Minuten
Verspätung. Vielen Dank dafür.

**Grund für die Verspätung
war die Ermittlung, Erfassung und
Entsorgung eines Ex-Fahrgastes.**

Die Einfahrt in Halle
verzögert sich. Wir sind offenbar
überraschend angekommen.
Gibt kein freies Gleis.

*Hier eine Zwischenhochrechnung
zu unserer Verspätung ...*

Für einige unserer Gäste
ergeben sich gerade
ganz neue Reise-Möglichkeiten!

In Hamburg Hauptbahnhof
erhalten Sie Anschluss an [...].
Alle Angaben natürlich
wie immer ohne Gewähr!

Wegen der Anschlusszüge
in Hannover sind wir gerade
in den entsprechenden
Verhandlungen und Telefonaten.
Sieht ganz gut aus momentan.

Falls wir irgendwo noch irgend-
einen Zug erreichen sollten, würde
ich noch mal Bescheid sagen!

Reisende, die sportlich
unterwegs sind und nicht
zu viel Gepäck haben, sollten
den Anschlusszug noch erreichen.

*Sehr geehrte Fahrgäste, ab jetzt
sind keine planmäßigen
Verspätungen mehr eingeplant.*

Durch eine äußerst seltene
Verkettung glücklicher Umstände
werden wir unser Ziel unerwartet
plangemäß erreichen.

!

Wir erreichen Kiel Hauptbahnhof nun doch pünktlich. Unser Lokführer hat die Verspätung komplett aufgeholt. So was habe ich auch noch nicht erlebt.

Im Namen der Deutschen Bahn hoffe ich, dass Sie noch heute Ihr Ziel erreichen werden.

**Meine Damen und Herren,
wir sind pünktlich. Ich weiß
auch nicht, was los ist.**

Wir sind zu früh. Was machen
wir jetzt mit unserer Zeit? –
Verrechnen Sie es einfach
mit der nächsten Verspätung.

*Ob Sie es glauben oder nicht:
Wir werden alle Anschlüsse erreichen.
Wieso höre ich keinen Applaus?*

**Da wir zu früh in Berlin sind,
bitten wir unsere Reisenden,
die 5 Euro Verfrühungsgeld
fürs Personal bereitzuhalten.**

Unser Zug wird entgegen
aller Erwartungen 4 Minuten
früher eintreffen. Ich wiederhole:
Dieser Zug hat Verfrühung!

!

Es werden alle Anschlusszüge erreicht. Ich habe Ihnen mal die schönsten rausgesucht.

Achtung, eine wichtige Durchsage! Wir werden heute den Hauptbahnhof Köln pünktlich erreichen. Ich wiederhole: *Pünktlich!*

Dem Fahrgast, der mir ärgerlich den Finger gezeigt hat: Wir haben die Verspätung aufgeholt. Wie wär's mit einer Entschuldigung?

Seien Sie nicht verwundert, dass wir so lange in Wolfsburg halten. **Wir sind 5 Minuten zu früh.** Kann passieren.

Der Zug endet pünktlich.
Wenn Sie möchten, öffne ich die Türen mit 5 Minuten Verspätung, um unseren Ruf nicht zu beschädigen.

Heute müssen Sie sich eine andere Ausrede ausdenken, warum Sie zu spät sind. Wir erreichen pünktlich Köln.

**Und nun die Prognose
für die Anschlusszüge
in Braunschweig.**

Verehrte Fahrgäste,
bitte beachten Sie, dass es sich
bei den Anschlussmöglichkeiten
nur um *Möglichkeiten* handelt!

Kurioses

oder

Ist vielleicht ein Lokführer im Zug?

*Die durchschnittliche Standard-Ansage
in einem Zug befasst sich mit Haltestellen,
Ausstiegsseiten, dem Dank für den Zustieg
oder besten Wünschen für die Zeit nach dem Ausstieg.
Doch ab und zu trauen Fahrgäste ihren Ohren kaum.
Die naheliegende Frage: Habe ich das
gerade wirklich gehört?*

Sehr verehrte Fahrgäste,
ich kann Ihnen folgende
Information geben: Uns liegen
keine Informationen vor!

*Bei Fragen helfen Ihnen
die Kollegen von der Bahn –
blau-rote Uniform, gequältes
Lächeln – sicher gerne weiter.*

Der Zug des Lokführers
ist ausgefallen. Er kommt jetzt
mit dem Taxi.

Werte Fahrgäste, unser Zug
wird bis Koblenz links-
rheinisch umgeleitet. Nicht, dass
Sie denken, der Fluss ist weg. Er ist
auf der anderen Seite.

Bitte einen Kaffee
für den Lokführer. Er hat
Bedarf angemeldet!

Leider kommt der Zug
den Berg nicht hoch. Daher fahren
wir nun zurück und versuchen es
mit mehr Anschwung erneut.

*Ist das nicht herrlich
draußen? Unser ICE wird
kostenlos gewaschen!*

*Sehr geehrte Fahrgäste,
wir haben uns leider verfahren.
Wir werden jetzt wieder rückwärts
in den letzten Bahnhof einfahren!*

Für den Fall, dass Sie denken,
der Lokführer habe keine Lust,
schnell zu fahren: Ich habe Lust.
Wenn ich kann, gebe ich Gas!

**Der Bahnsteig ist heute
einige Zentimeter höher
als gewöhnlich.**

Infos über Anschlusszüge
liegen nicht vor. Das Transport-
system hat uns rausgeschmissen.
Unseren Zug gibt es heute nicht.

Vorsicht,
wir wurden gerade besprayed.
Die Farbe ist noch frisch!

Achtung:
Der Streckenabschnitt vor uns
ist leider verschwunden. Dieser Zug
fährt deshalb ab jetzt rückwärts.

*Die Lok wechselt vom
einen ans andere Ende des Zuges.
Und damit das auch Sinn ergibt,
wechseln wir auch die Fahrtrichtung.*

**Der hintere Zug tauscht bitte
mit dem vorderen.**

Wegen eines Lokschadens
wird in Göttingen negativ gewendet.

Es wird in Kürze ein
weiteres Fahrzeug angehängt.
Bitte suchen Sie in der
Zwischenzeit sicheren Halt.

Wir haben eingleisigen Fahrbetrieb.
Sobald uns ein Zug entgegenkommt,
setzen wir unsere Fahrt fort.

In Leipzig/Halle-Flughafen erhalten
Sie Anschluss an die Verbindungen
nach Antalya und Fuerteventura.

**Bitte beachten Sie: Es ist
keine Voraussage möglich, ob der Zug
sein Fahrtziel erreichen wird.**

Eine ungewöhnliche Bitte:
Wir haben hier ein kleines Malheur.
Wer Nähzeug dabeihat,
bitte in Wagen 5 melden!

Wir haben an unserem
Fahrgast-Ärgernis-Rad gedreht
und rausgekommen ist:
Signalstörung.

Sollte sich ein Jurist im Zug
befinden, kommen Sie bitte
zum Bahn-Comfort-Bereich.
Ich wiederhole: Ein Jurist.

**An die kräftigen Jungs
von der Klassenfahrt in Wagen 7:
Kommt doch mal in Wagen 10,
Getränke tragen helfen!**

Bitte nicht an den Knöpfen
im Schaltschrank spielen!
Sie gehen bei McDonald's ja
auch nicht an die Fritteuse.

*Wir können unsere Fahrt
nach Kiel im ICE leider nicht
fortsetzen, da die Schienen
nicht ausreichen!*

**Der zweite Wagen ist ein
Ruhewagen, kein Sabbelwagen.
Also: *Sabbel halten!***

Ich begrüße Sie im Zug
von ,Grüß Gott' nach ,Moin'!

Bitte beachten Sie:
Moin heißt hier nicht nur
guten Morgen, Moin sagt man
den ganzen Tag.
Viel Spaß in Ostfriesland!

An die Dame und den Herrn
im WC in Wagen 2: Ich
weiß nicht, was Sie da machen.
Aber ich hab's gesehen!

**Nächster Halt: Düsseldorf.
Der Zug endet dort.**

Pause

**Entschuldigung, bin im falschen Zug.
Wir fahren weiter bis Aachen.**

Wir fahren gleich durch einen
Tunnel – senden Sie daher bitte
rechtzeitig genug Ihre Tweets ab!

Bahn bremst mehrfach abrupt.
Zugbegleiter geht nach vorn:
Ich geh ihm mal die
Schnapsflasche wegnehmen!

Der Zug wird ausgetauscht.
Sollte Ihr Sitznachbar Kopfhörer
in den Ohren haben, stoßen Sie
ihn an und nehmen ihn mit.

Im ICE: Ein persönlicher Dank an die vier Damen in Wagen 11. Die Pralinen waren sehr lecker.

Warum ich 6 Minuten Verspätung habe? Weil ich eben erklären musste, warum ich 5 Minuten Verspätung habe.

Fundsachen

oder

Lassen Sie nichts im Zug außer Bargeld!

*Wo immer sich Menschen lange aufhalten
oder plötzlich ihren Platz verlassen müssen,
vergessen sie Dinge. Das ist oft ärgerlich,
aber nicht schlimm. Regenschirme, Netzteile
und Handschuhe sind schnell ersetzt.
Aber was, wenn besondere Sachen in der Bahn
liegen bleiben – oder Menschen?*

**Bitte achten Sie auf die
Vollständigkeit Ihres Reisegepäcks!
Wir sind nicht nachtragend.**

Sehen Sie sich Ihr Reisegepäck
genau an, damit Sie es
im Fundbüro beschreiben können –
oder nehmen Sie es gleich mit!

Meine Damen und Herren,
hat jemand im Zug einen schwarzen
Herrenschuh verloren?

Soeben wurde im WC
eine Stoffhose gefunden.
Der Besitzer kann sie
im Speisewagen abholen.

In unserem Zug wurde ein Garten-
zwerg gefunden. Der Besitzer möge
sich beim Schaffner melden.

*Der Besitzer des Rasenmähers
in Wagen 7 bitte einmal
dringend zu seinem Gepäck.*

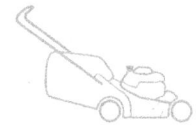

Beim Personal wurde ein Hörgerät
abgegeben. Der Besitzer
melde sich doch bitte in Wagen 10 –
sollte er diese Ansage hören.

Bitte räumen Sie
den Wäscheständer weg.
Er blockiert den Fluchtweg!

Der Besitzer des Kinderwagens
im Übergang von Wagen 1 und 2
mit Babyinhalt möge bitte
zu diesem zurückkommen!

*Frau X, Ihr Mann ist leider nicht
mehr im Zug. Steigen Sie in Dortmund
aus, Ihr Mann kommt dann nach.*

*Die Frau, die ihren Mann
in München auf dem Bahnsteig
vergessen hat, wird gebeten,
in Wagen 25 zu kommen.*

Bitte denken Sie beim Aussteigen
an Ihr Hand- und Reisegepäck
sowie an Ihre Schwiegermutter –
denn ich habe schon eine!

In Erfurt:
Auf Gleis 8 befindet sich
ein Heuballen. Der Besitzer
möge diesen bitte entfernen.

*Der Besitzer des Fahrrads
in Wagen 2 möge sich bitte
um-ge-hend melden. Das Fahrrad
steigt sonst in Hannover aus.*

**Der Besitzer sollte bitte sein
Segelboot in Wagen 4 abholen.**

Pause

**Es ist ein *Surfbrett*.
Ich wiederhole: *Surfbrett!***

*Nehmen Sie Ihre Handschuhe mit!
Ich habe jetzt schon genug gesammelt.*

Noch ein kurzer Hinweis:
Bitte nehmen Sie Ihre
Regenschirme wieder mit. Die Bahn
hat mittlerweile genügend.

Achten Sie beim Aussteigen
zusätzlich auf Kleinteile wie
Netzstecker – Goldbarren
dürfen Sie gerne hierlassen.

In Niederrad haben wir unseren
Zugführer vergessen. Er kommt
mit der nächsten S-Bahn nach.

Der Eigentümer der Matratze
in Wagen 3 möge sich
an seinen Platz begeben.
Sonst wird die Matratze
in Braunschweig entsorgt.

Der Besitzer der orangenen
Reisetasche, des Wäschetrockners
und der Mikrowelle möge bitte
zu seinem Gepäck kommen.

Die Ankunft

oder

Der Ausstieg ist auf der Seite mit dem Bahnsteig!

*Ankunft am Zielbahnhof, alles wird gut.
Zumindest dann, wenn es tatsächlich
der richtige Bahnhof ist, und wenn aus-
reichend Bahnsteig für den Zug vorhanden ist.
Wenn auch noch die korrekte Ausstiegsseite
angezeigt und genutzt wird, ist es geschafft –
bis zur nächsten Zugabfahrt.*

Oh, der letzte Halt
war übrigens Groß Laasch.
Der Ausstieg wäre in Fahrtrichtung rechts gewesen.

Hämelerwald! Steigen Sie rechts aus.
Ob Sie wirklich richtig stehen, sehen
Sie, wenn das grüne Licht angeht!

Unsere Ausstiegsseiten-Ansage
ist leider defekt. Der Ausstieg
ist immer auf der Seite mit dem
Bahnsteig. So wie früher!

Der Ausstieg ist in Fahrtrichtung links. Wer trotzdem rechts aussteigen will, ruft den Krankenwagen vorher selber an.

Bitte steigen Sie aus gesundheitlichen Gründen nur in Fahrtrichtung rechts aus.

Ausstieg in Fahrtrichtung
rechts. – *Please leave the train
on the left side.*

Liebe Fahrgäste, der Zug setzt
noch ein Stück nach vorn, sodass
auch die letzte Tür einen
Bahnsteig zum Aussteigen hat.

**Bitte nicht im ersten Wagen
aussteigen! Der erste Wagen
steht nicht am Bahnsteig!!
Ich wiederhole ...**

Leider hat der schwere Zug schlecht gebremst. Wenn Sie vor der Tür keinen Bahnsteig sehen, öffnen Sie diese bitte nicht.

Wenn Ihnen die Fahrt
mit mir gefallen hat, ist der
Ausstieg links. Sonst rechts.

Da dieser Zug bremst wie eine feuchte Brotdose, bin ich leider am Bahnsteig vorbeigefahren.

Wir können nicht weiterfahren,
da der Zug zu schwer ist.
Wir bitten die Fahrgäste, in den
vorderen Wagen auszusteigen.

Ich weise darauf hin,
dass unsere Bremsen nicht
funktionieren. Nächster Halt?
Dort wo wir ausgerollt sind!

**Alle Fahrgäste, die nicht
in die Werkstatt fahren wollen,
bitte hier aussteigen!**

*Bitte alle aussteigen,
die Türen sind kaputt!*

!

Wir werden umgeleitet.
Der Halt Göttingen entfällt.
Reisende mit Fahrtziel Göttingen –
ja, was machen wir mit denen?

*Wir möchten uns für die
entstandenen Unannehmlichkeiten
bei Ihnen verabschieden.*

Bitte springen Sie nicht wie ein junger Hecht aus dem Zug, sondern achten Sie auf den Spalt zwischen Zug und Bahnsteig!

Ich verabschiede mich von allen Fahrgästen, außer dem, der mir gerade in Weil am Rhein auf die Frontscheibe gespuckt hat.

Unser Abenteuerreisen geht weiter!

Viel Glück für Ihre Reise
mit der Deutschen Bahn ... äh ... Dank!
Vielen Dank natürlich.

*Bitte stellen Sie sich winkend
und lachend an die Fenster,
damit alle denken, wir hätten
eine gute Fahrt gehabt!*

*Wir verabschieden uns
von allen in Fahrtrichtung rechts
aussteigenden Fahrgästen und
wünschen einen schönen Tag.*

**Wir sind jetzt da.
Ausstieg am besten da,
wo keine Gleise sind.**

Liebe Fahrgäste, ich habe noch
ein persönliches Anliegen:
Bitte steigen Sie
mit einem Lächeln aus!

Redaktionsschluss für alle im Buch abgedruckten Bahn-Ansagen:
9. September 2016.

Die Bahn-Ansagen sind gegebenenfalls sinnwahrend zusammen-
gefasst oder gekürzt, damit sie in das 140-Zeichen-Format von
Twitter passen.

Mit besonderem Dank an:

@_Melodyless_, @_wrzlbrnft_, @57ARK, @8000Muenchen40, @A_Schillhaneck, @Aachen_BusBahn, @adlerweb, @alexbobzien, @alextv, @annecehaer, @Arijane92, @Arnd, @aSofaInLondon, @badboy_, @BallastFrei, @bascht, @bassrider, @berlinfahrer, @Bierflecken, @BjoernWiesemann, @blind_coder, @blubman42, @bonniemaus, @bruneva, @bsterix, @Burtchen, @cad59, @Caetline,@capor_, @CarstenOvens, @ch_nitschke, @checker260, @CHeicappell, @Cheshire0Cat, @christiansoeder, @ChristophMeurer, @ClaraDanida, @comram, @CTMgoesINTER, @cyberheuze, @Daniel__Hofmann, @datcarovieh, @dev00tweetz. @dehexadop, @DennisDaum, @Der_Hamburbaer, @der_handwerk, @DMdsW, @DnerTV, @DocWeiler, @DVaulont, @DwieDaniel_, @E_Baumann, @ecaillette, @edgebrother, @ElliGrimm99, @Erdnussflip_, @evahibba, @evibern1970, @Fabian_ikono, @FeanorsCurse, @Fela212, @felbicfa, @FelixHuegel, @FeroLuftfuchs, @file_clerk, @FluffigerSchuh, @foertel, @Frau_Professor, @freddy_2111, @freizeitBagalut, @Fumanschu, @Fusselpuste, @ganzganznet, @gerd_sauer, @Gigaplex1, @Grantscheam, @hainomat, @Herthi20, @hannesleitlein, @hashcrap, @heimue99, @HeiseThomas, @hendrikaltena, @Herr_Unterberg, @hhSonja, @Hobbes, @hoflieferant_, @HollsteinM, @HoniglsstBrot, @hrbruns, @hubert_gmx, @HydrogenSZ, @iamdan_de, @iamflemming, @IFrauding, @iJol_, @Insaaaaaa, @irgendwienet, @j_lachman, @JasmindasWelt, @JByLA, @jensotto83, @jnsilver, @JoeGras, @JohDiehl, @john_maverick, @Julichrom, @Julipulia, @k_matth, @Kartenknipse, @karummms, @kellertuer, @kernforce, @kgzme, @kiezdreck, @kilaulena, @Kinocast, @kinolux, @ko_ser, @koernerjochen, @KonstantinKuhle, @kowabit, @krechtingm, @Kristiane_Lue, @krizzy4peace, @kultur_nachhalt, @lanwin, @larsericpaulsen, @levunterwegs, @lexippixel, @LikeADaisy_, @littlewisehen, @luebbermann, @MaelRoth, @mahrko, @malogama, @maltekrohn, @manina117, @MarcoEngelien, @mariovrl, @MariusRath, @McQueensome, @Me05503079, @MGretenkord, @mickey_mueller, @MietzeT, @miriampielhau, @missjaayne, @mit2iundk, @miwie, @MKogosov, @mmammemm, @ModeratorinIlka, @Mohrenpost, @monikalazar, @MSorghum, @msportblog, @Mumkrueg, @newsbykatriona, @NeX25, @Nival, @nskuelptor, @Oceanwide, @OHollenstein, @oliverdasgupta, @Oviban, @padeluun, @personads, @PoesieSeb, @Raum16, @redexec1, @Redfur, @rineair, @rolandjudas, @ruhrpoet, @RZ_Elgass, @SaschiHalefOmar, @schult, @seba_joe, @Selleman, @shinaio, @sijox_de, @Silbendrechsler, @silhouetanz, @sinafete, @SkironTV, @Smirne76, @sommteck, @squareriggerX, @stagerbn, @StephanN, @strasso83, @svefewe, @Swaany, @swimbaer, @TabeaRoessner, @Taurec42, @tcnokid, @The__Kay, @TheDamnhook, @theOtherOne, @thorstensterk, @TimLoecken, @TM2Punkt0, @TomTom_the_pogo, @TorgeMartens, @tsia, @Twuitterer, @udostiehl, @udovetter, @urgestein, @vierzueinser, @vivivanderspree, @vonderhorst, @VonHierAnBenny, @WarriorDeluxe, @WeisserVader, @wolf_wiegand, @Wortsportlr, @Wupperin, @www40, @yooowe, @Zerasiana, @Zimt2zicke, @zweizeiler, Adrian Gruchot, Alexander Heger, Andreas Valentin, Annette Sero, Bianca Zimmermann, Dana Krause, Daniel Terron Browa, Daniela Lichte, David Müller, Dennis Kahnert, Dillon Conway, Dirk Wunderlich, Dirknaldo CF, Eva Liebl, Fabian Habicht, Florian Falkenberg, Hendrik Raulfs, Ina Bu, Ines Dathe, Janina Lewandowski, Jendrik Kloos, Julian Schrell, Kerstin Sina Schulz, Ki Ra, Lotte Müller, Madd Bounty, Marcel Glatz, Marco Stengel, Marie Exner, Marius Gerads, Matthias Böhme, Max Julius Roehrich, Michael Gebhardt, Michael Schieder, Michaela Meier, Miriam Ongyerth, Natalie Fleurdelis, Nico Neelmeier, Nico Schneider, Nico Wickleder, Patrick Van Mudderstadt, Piotr Schuff, Rebecca Saure, Renate Schelling, René Stein, Rene Thiem, Rob Ert, Sarah Schleicher, Sebastian Guse, Sev Kbla, Simon Bahner, Soeren-Brian Krämer, Stefan Clausnitzer, Stefan Schmid, Susa Nne, Susanne Lichtenberger, Thilo Schmidt, Thomas Bebber, Thorsten Eyrich, Till Tischer, Tobias Reinke

sowie allen Mitarbeiterinnen und Mitarbeitern in Bahnen und Bussen, die durch ihre besonderen Ansagen Fröhlichkeit verbreiten und den Menschen für einen Moment ein Lächeln ins Gesicht zaubern.

»Ein Meisterwerk an Komik und Weisheit«
MOSES WOLFF

Thomas Spitzer
GOETHE, SCHILLER,
CHINAKOHL
Als Humorbotschafter
im Land des Lächelns
256 Seiten
ISBN 978-3-404-60911-6

Was passiert, wenn ein deutscher Poetry Slammer nach China reist, um dort an Schulen und Universitäten Workshops zu geben? Noch dazu unter der Aufsicht des ehrwürdigen Goethe-Instituts? Als Thomas Spitzer klar wird, auf was er sich eingelassen hat, ist es zu spät: Im Laufe weniger Wochen erlebt er einen Culture Clash nach dem anderen ...

„Trocken, witzig und erkenntnisreich wie die Speisekarte im China-Imbiss." Friedemann Weise
»Spitzer schreibt so mittel, ist aber im Bett eine Granate.« Hazel Brugger

Bastei Lübbe

Wenn das Leben zum Zirkus wird

Andreas Schaible
CLOWN UNDER
Mein Jahr Work and
Travel in Australien
272 Seiten
mit zahlreichen
Abbildungen
ISBN 978-3-404-60913-0

Endlich das Abschlusszeugnis in der Hand! Jetzt will Andreas raus aus seinem kleinen, beschaulichen Dorf und sich die andere Seite der Welt anschauen: Australien. Doch reisen ist teuer, und so beginnt sein Auslandsaufenthalt mit einem Job: sechs Monate als Aushilfe im größten Zirkus des Kontinents. Die fröhliche, bunte Zirkuswelt entpuppt sich schnell als hartes Pflaster, und so kämpft sich Andreas durch strenge Hierarchien und harte Arbeit bis er schließlich nicht nur mitten in der Zirkusgemeinschaft angekommen ist, sondern auch als Clown in der Manege.

Bastei Lübbe

Das ist kein Chaos, das ist Fußball. Kinder-fußball

Lüder Wohlenberg
MEIN SOHN, DER
NEUE MESSI
Als Fußballvater
am Spielfeldrand
216 Seiten
mit zahlreichen
Abbildungen
ISBN 978-3-404-60898-0

Kinder lieben Spaß, Bewegung, Wettkampf. Deshalb lieben sie Fußball. Und sie wollen ihn da spielen, wo es auch ihren großen Vorbilder tun: im Verein. Und sie freuen sich wie Oskar, wenn wir ihnen dabei zusehen. Der Mediziner und Kabarettist Lüder Wohlenberg war mittendrin. Als Fußballvater, Betreuer und schließlich als erfolgreicher Meistertrainer einer wilden Horde maßvoller Talente. Was er bis zu seiner Krönung als »Pep von Nippes« am Spielfeldrand erlebt hat, erzählt er mit viel Humor und Empathie in seinem Buch.

Bastei Lübbe